Griffey

Für Josh

FISCHE

Im Einklang mit den Sternen leben

STELLA ANDROMEDA

ILLUSTRATED BY EVI O. STUDIO

GROH

I.

Alles über die Fische

II.

Die Welt der Fische

III.

Mehr Astrowissen

Einleitung

Der Giebel des antiken griechischen Apollontempels in Delphi trägt die Inschrift: „Erkenne dich selbst.“ Sie ist eine der 147 delphischen Maximen, nach denen man leben sollte. Von Gott Apollon selbst soll diese Aufforderung zur Selbsterkenntnis stammen, und später ergänzte sie der Philosoph Sokrates um den Satz: „Ein unerforschtes Leben ist nicht lebenswert.“

Der Mensch versucht auf vielfältige Weise, sich selbst kennenzulernen und sein Leben oder die Herausforderungen seines Daseins zu meistern, oft mithilfe von Therapien oder organisierten Glaubenssystemen wie Religionen. Wir wollen auf diesem Weg vor allem die Beziehung zu uns selbst und zu anderen besser verstehen lernen und Mittel finden, die uns das ermöglichen.

Die Astrologie bietet durch ihre symbolische Verwendung der Himmelskonstellationen, also der Darstellung der Tierkreiszeichen, der Planeten und ihrer energetischen Auswirkungen einige Ansätze für das Verstehen der menschlichen Natur und der Erfahrung. Viele Menschen empfinden dieses Wissen und das Potenzial, das darin steckt, als hilfreich, um Denkanstöße für eine erfülltere Lebensweise zu gewinnen.

Was ist Astrologie?

Einfach ausgedrückt, ist Astrologie das Studium und die Deutung des Einflusses, den die Planeten aufgrund ihrer Positionen im Raum zu einem bestimmten Zeitpunkt auf uns Menschen und unsere Welt nehmen können. Die angewandte Astrologie beruht auf einer Kombination aus dem faktischen Wissen über die Besonderheiten dieser Positionen und ihrer psychologischen Interpretation.

Astrologie ist weniger ein Glaubenssystem als eine praktische Lebenshilfe, die uns alte, überlieferte Weisheiten an die Hand gibt. Jeder Mensch kann lernen, die Astrologie für sich zu nutzen – nicht so sehr zum Wahrsagen oder um die Zukunft zu deuten, sondern als Wegweiser zu größerer Einsicht und einer achtsameren Herangehensweise an das Leben. Der richtige Zeitpunkt ist das A und O in der Astrologie. Die Kenntnis der Planetenkonstellationen und ihrer Beziehung zu bestimmten Zeiten zueinander kann uns bei der Wahl des richtigen Moments für manche Lebensentscheidungen helfen.

Zu wissen, wann größere Veränderungen im Leben anstehen können – aufgrund von Planetenkonstellationen wie einem rückläufigen Saturn (siehe S. 103) oder rückläufigen Merkur (siehe S. 104) – oder was eine Venus im siebten Haus bedeutet (siehe S. 85 und 98) und wie das im Licht der spezifischen Eigenschaften des eigenen Sternzeichens zu berücksichtigen ist: Dies alles sind Werkzeuge, die du zu deinem Vorteil nutzen kannst. Wissen ist Macht und die Astrologie kann ihren Teil dazu beitragen, die Höhen und Tiefen des Lebens, aber auch unsere Beziehungen gut zu meistern.

Die zwölf Stern

Jedes Stern- oder Tierkreiszeichen hat
die den Menschen gemeinsam sind, di
geboren wurden. Dieses Zeichen ist de
du wahrscheinlich schon kennst – und
punkt, von dem aus wir unseren astro
Die Eigenschaften des Sonnenzeiche
sehr stark zeigen, doch stellen sie nu

Wie wir auf andere wirken, wird
toren beeinflusst, die man ebenfalls
So sind das Zeichen deines Aszende
stellung genauso wichtig wie dein S
dir auch dein Gegenzeichen ansehe
was deinem Sonnenzeichen vieleic
mehr Balance zu erreichen.

Im ersten Teil dieses Buchs lerns
kennen. Im zweiten Abschnitt bist
tiefer einzutauchen (siehe S. 74–105
nes Geburtshoroskops zu erforsche
größeren Einblick in die zahlreiche
gewinnen, die sich in deinem Lebe

Die Sonnenzeichen

Die Erde braucht 365 Tage (exakt sind es 365,25), um die Sonne zu umrunden. Dabei scheint die Sonne einen Monat lang durch jedes Tierkreiszeichen zu wandern. Dein Sonnenzeichen ist somit das Tierkreiszeichen, in dem die Sonne zum Zeitpunkt deiner Geburt stand. Wenn du dein Sonnenzeichen und die deiner Familie, Freund*innen und Partner*innen kennst, ermöglicht dir das einen guten Einblick in die Charakter- und Persönlichkeitsmerkmale, die du mithilfe der Astrologie entdecken kannst.

Im Übergang geboren

Für Menschen, die gegen Ende des einen oder zu Beginn des nächsten Sonnenzeichens geboren sind, lohnt es sich, ihre genaue Geburtszeit herauszufinden. Astrologisch gesehen gibt es eigentlich keinen Übergang zwischen den Zeichen, denn jedes davon beginnt zu einem festen Zeitpunkt an einem bestimmten Datum, auch wenn dieser von Jahr zu Jahr etwas variieren kann. Wenn du unsicher bist, was dein Sonnenzeichen ist, kannst du es über dein Geburtsdatum, deine Geburtszeit und deinen Geburtsort genau bestimmen. Mit diesen Daten kannst du einen Astrologen aufsuchen oder du lässt sie durch ein Online-Astrologieprogramm laufen (siehe S. 108), um ein möglichst genaues Geburtshoroskop zu erstellen.

Widder

Lat.: Aries

✶

21. MÄRZ–20. APRIL

Astrologisch das erste Sternbild des Tierkreises, erscheint der Widder zur Frühjahrs-Tagundnachtgleiche. Kardinales Feuerzeichen; das Zeichen für Anfänge. Herrscherplanet ist Mars, der dafür steht, Herausforderungen dynamisch, energievoll und kreativ zu begegnen. Gegenzeichen: die luftige Waage.

Stier

Lat.: Taurus

✶

21. APRIL–20. MAI

Fixes Erdzeichen. Geerdet, sinnlich und den körperlichen Freuden zugewandt, ist der Stier von seinem Herrscherplaneten Venus mit Anmut und einem Sinn fürs Schöne ausgestattet – trotz seiner bulligen Darstellung. Charakteristisch ist seine unbeschwerte, unkomplizierte, wenn auch manchmal sture Lebenseinstellung. Gegenzeichen: das Wasserzeichen Skorpion.

Zwillinge

Lat.: Gemini

✶

21. MAI–21. JUNI

Veränderliches Luftzeichen. Zwillinge neigen dazu, beide Seiten eines Problems zu sehen, wobei der Herrscherplanet Merkur ihren schnellen Verstand beeinflusst. Zwillinge scheuen sich häufig vor Verpflichtungen und versinnbildlichen auch eine jugendliche Haltung. Gegenzeichen: der feurige Schütze.

Krebs

Lat.: Cancer

✶

22. JUNI–22. JULI

Kardinales Wasserzeichen, dargestellt mit starken Scheren. Der Krebs gilt als gefühlsbetont und intuitiv, er schützt seine Empfindlichkeit mit seiner Schale. Sie verkörpert auch die Sicherheit des Krebs-Zuhauses, dem dieses Zeichen verpflichtet ist. Herrscherplanet ist der mütterliche Mond. Gegenzeichen: das Erdzeichen Steinbock.

Löwe

Lat.: Leo

23. JULI–23. AUGUST

Fixes Sonnenzeichen. Der Löwe liebt es zu glänzen. Er ist im Herzen ein Idealist, positiv und über die Maßen großzügig. Löwen-Geborene können vor Stolz brüllen und so zuversichtlich wie kompromisslos sein, mit großem Glauben und Vertrauen in die Menschheit. Herrscherplanet ist die Sonne. Gegenzeichen: der luftige Wassermann.

Jungfrau

Lat.: Virgo

24. AUGUST–23. SEPTEMBER

Veränderliches Erdzeichen. Die Jungfrau gilt als aufmerksam, detailorientiert und häufig selbstgenügsam. Die Jungfrau schöpft aus einem scharfen, nicht selten selbstkritischen Intellekt und ist oft sehr gesundheitsbewusst. Herrscherplanet ist Merkur. Gegenzeichen: das Wasserzeichen Fische.

Skorpion

Lat.: Scorpio

★

24. OKTOBER–22. NOVEMBER

Fixes Wasserzeichen. Entsprechend neigt der Skorpion zu intensiven Gefühlen. Sein Tierkreiszeichen verbindet ihn mit der Wiedergeburt nach dem Tod. Herrscherplaneten sind Pluto und Mars. Wegen seiner starken Spiritualität und tiefen Emotionen braucht der Skorpion Sicherheit, um seine Kraft leben zu können. Gegenzeichen: das Erdzeichen Stier.

Waage

Lat.: Libra

★

24. SEPTEMBER–23. OKTOBER

Kardinales Luftzeichen mit Herrscherplanet Venus. Hier dreht sich alles um Schönheit, Gleichgewicht (dargestellt durch die Waage) und Harmonie in einer eher romantischen, idealen Welt. Mit ihrem Sinn für Ästhetik können Waagen sowohl künstlerisch als auch handwerklich sein. Sie schätzen außerdem Fairness und sind oft sehr diplomatisch. Gegenzeichen: der feurige Widder.

Schütze

Lat.: Sagittarius

✱

23. NOVEMBER–21. DEZEMBER

Veränderliches Feuerzeichen, bei dem sich geistig wie körperlich alles um Reisen und Abenteuer dreht. Schützen haben eine direkte Herangehensweise, sind optimistisch und stecken voller Ideen. Sie lieben es, freien Lauf zu haben, neigen aber zu Verallgemeinerungen. Herrscherplanet ist der gutwillige Jupiter. Gegenzeichen: die luftigen Zwillinge.

Steinbock

Lat.: Capricornus

✱

22. DEZEMBER–20. JANUAR

Kardinales Erdzeichen mit Herrscherplanet Saturn. Der Steinbock gilt als harter Arbeiter und wird von der trittsicheren wie verspielten Ziegenart dargestellt. Er ist vertrauenswürdig und scheut sich nicht vor Verantwortung. Oft sind Steinböcke sehr genügsam und haben die Disziplin für selbstständige Berufe. Gegenzeichen: das Wasserzeichen Krebs.

Wassermann

Lat.: Aquarius

✶

21. JANUAR–19. FEBRUAR

Trotz seiner Darstellung als Wassermann ein fixes Luftzeichen. Es wird beherrscht vom unberechenbaren Uranus, der alte Ideen mit innovativem Denken vom Tisch kehrt. Der Wassermann ist tolerant und weltoffen. Ganz auf Menschlichkeit bedacht, hat er soziale, gewissensgeleitete Ideale. Gegenzeichen: der feurige Löwe.

Fische

Lat.: Pisces

✶

20. FEBRUAR–20. MÄRZ

Veränderliches Wasserzeichen, das stark auf seine Umgebung reagiert. Dargestellt durch zwei Fische, die, in entgegengesetzte Richtungen schwimmend, manchmal Fantasie und Realität verwechseln. Von Neptun beherrscht, ist die Welt der Fische fließend, fantasievoll und empathisch. Fische nehmen oft die Stimmungen anderer auf. Gegenzeichen: das Erdzeichen Jungfrau.

Alles
über
die
I.

Fische

Das Zeichen, in dem die Sonne zum Zeitpunkt deiner Geburt stand, ist der ultimative Ausgangspunkt, um deinen Charakter und deine Persönlichkeit durch den Tierkreis zu erforschen.

DEIN SONNENZEICHEN

Veränderliches Wasserzeichen, dargestellt durch zwei Fische, die in entgegengesetzte Richtungen schwimmen.

Beherrscht von Neptun, Planet der Fantasie, des Mystischen und möglicher Täuschung.

GEGENZEICHEN

Jungfrau

LEBENSMOTTO

„Ich glaube."